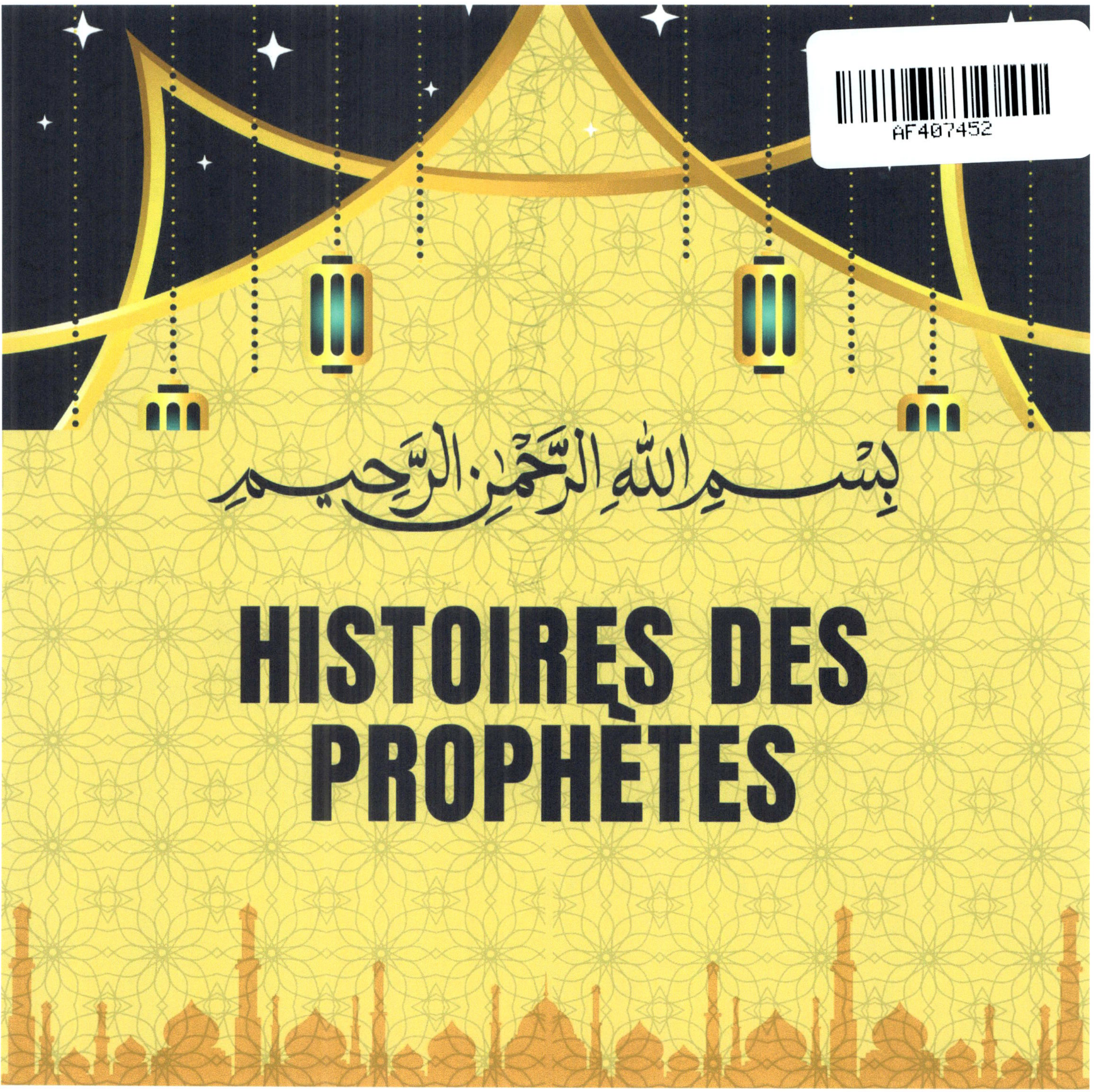

بِسْمِ اللهِ الرَّحْمَنِ الرَّحِيمِ

HISTOIRES DES
PROPHÈTES

Table des matières

L'HISTOIRE DU PROPHÈTE NUH
(Que la paix soit avec lui)

Le peuple du prophète Nuh était très méchant et refusait d'écouter son message de monothéisme. Ils adoraient des idoles et se livraient à de nombreuses activités immorales. Malgré ses efforts, seules quelques personnes crurent en lui.

Le prophète Nuh était un prophète d'Allah et a été envoyé pour guider son peuple vers le droit chemin.

Allah a ordonné au prophète Nuh de construire un énorme bateau appelé arche pour se sauver, ainsi que ses disciples et un couple de chaque animal, d'un grand déluge qui allait survenir.

Le prophète Nuh suivit l'ordre d'Allah et commença à construire l'arche.

Lorsque le déluge est arrivé, l'arche était le seul endroit sûr. Seuls ceux qui croyaient au prophète Nuh et qui étaient avec lui sur l'arche ont été sauvés.

Le déluge a détruit tous les méchants et les animaux qui n'ont pas réussi à atteindre l'arche.

Après le déluge, le prophète Nuh et ses disciples ont repeuplé la terre et ont répandu le message d'Allah. Le prophète Nuh a vécu longtemps, diffusant le message d'Allah jusqu'à sa mort.

Le prophète Nuh est connu dans l'Islam pour sa foi inébranlable en Allah et son engagement à répandre le message du monothéisme. Son histoire nous enseigne l'importance d'obéir aux ordres d'Allah et de suivre ses conseils.

L'HISTOIRE DU PROPHÈTE YUSUF AS
(Que la paix soit avec lui)

Le prophète Yusuf, également connu sous le nom de Joseph, est un prophète bien-aimé de l'islam. Il était le fils du prophète Yaqub, également connu sous le nom de Jacob, et sa mère s'appelait Rahil. Le prophète Yusuf était connu par son intelligence, sa sagesse et sa beauté. Il était également doué de la capacité d'interpréter les rêves.

Les frères du prophète Yusuf étaient jaloux de lui parce que leur père l'aimait davantage. Ils décidèrent de se débarrasser de lui en le jetant dans un puits. Une caravane qui passait par là le trouva et le vendit comme esclave en Égypte.

En Égypte, le prophète Yusuf travaille pour un noble nommé Aziz. La femme d'Aziz tente de séduire le prophète Yusuf, mais celui-ci refuse ses avances et reste fidèle à Allah.
À la suite de cela, la femme d'Aziz a accusé le prophète Yusuf de méfaits et il a été jeté en prison. Pendant son incarcération, il interprète les rêves de deux de ses codétenus, ce qui lui vaut d'être libéré et nommé ministre principal de l'Égypte.

L'un des rêves les plus célèbres qu'il a interprétés est celui du roi d'Égypte.
Te roi a fait un rêve dans lequel il voyait sept vaches maigres manger sept vaches grasses, et sept épis de maïs desséchés
Le roi est troublé par ce rêve et demande à ses conseillers de l'interpréter, mais ils n'y parviennent pas.

À la suite de cela, la femme d'Aziz a accusé le prophète Yusuf de malversations et il a été jeté en prison

Le prophète Yusuf était doué de la capacité d'interpréter les rêves, ce qui a joué un rôle important dans sa vie.

La capacité du prophète Yusuf à interpréter les rêves est devenue célèbre dans toute l'Égypte, et lorsqu'une famine a frappé le pays, il a pu s'y préparer en stockant de la nourriture. Ses frères vinrent en Égypte pour chercher de la nourriture.

Le prophète Yusuf leur a pardonné ce qu'ils lui avaient fait subir et a retrouvé sa famille.

L'histoire du prophète Yusuf
nous enseigne l'importance de
rester fidèle à Allah.
même face à l'adversité. Elle nous
enseigne également le pouvoir du
pardon et l'importance de la famille.

L'HISTOIRE DU PROPHÈTE SALEH AS
(Que la paix soit avec lui)

Le prophète Saleh était un messager d'Allah (Dieu) envoyé pour guider le peuple de Thamud vers l'adoration d'Allah.
Allah.
Les habitants de Thamud étaient connus pour leur force et leur habileté à sculpter des maisons dans les montagnes.Ils étaient fiers de leurs capacités et étaient devenus arrogants
se détournant de l'adoration d'Allah pour adorer des idoles et se livrer à des comportements immoraux.

Il les mit en garde contre leurs méfaits et leur demanda de revenir à Allah, mais les gens n'écoutèrent pas. Ils refusèrent de changer leurs habitudes et exigèrent un miracle du prophète Saleh pour prouver sa prophétie.
Le prophète Saleh fut choisi par Allah pour guider le peuple de Thamud vers le correct chemin.

Allah répondit aux prières du prophète Saleh en lui accordant comme miracle une chamelle enceinte. La chamelle était un signe de la puissance et de la miséricorde d'Allah, et le prophète Saleh a dit à son peuple de la traiter avec gentillesse et de ne pas lui faire de mal.

Cependant, les habitants de Thamud ignorèrent l'avertissement du prophète Saleh et l'un d'entre eux tua la chamelle. Ce fut un grand péché qui mit Allah très en colère.
Le prophète Saleh a averti les gens qu'ils subiraient les conséquences de leurs actes, mais ils ne l'ont pas cru

En guise de punition, Allah envoya un puissant tremblement de terre qui détruisit les maisons des habitants de Thamud et les laissa en ruines.
Les croyants qui avaient suivi le prophète Saleh furent les seuls à être épargnés par ce châtiment.
Le message du prophète Saleh était un rappel important au peuple de Thamud, et à tous les peuples, d'adorer Allah seul et d'éviter l'arrogance, l'idolâtrie et les comportements immoraux.

L'HISTOIRE DU PROPHÈTE IBRAHIM AS
(Que la paix soit avec lui)

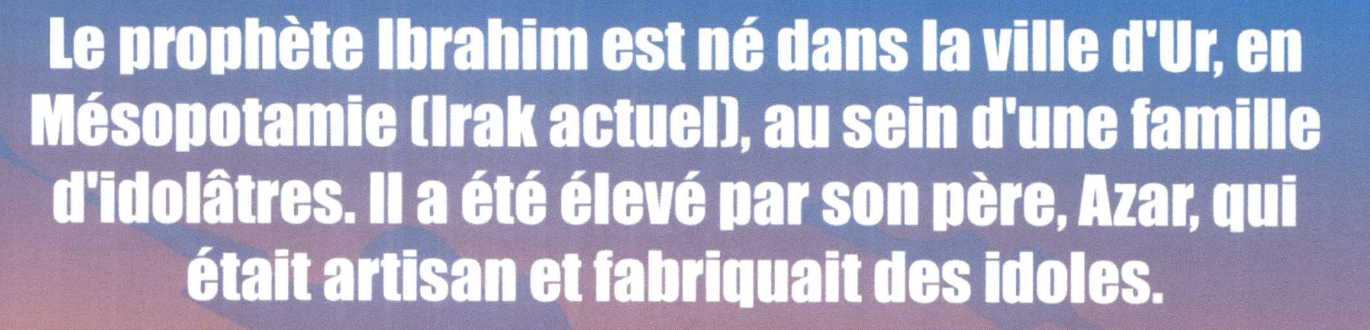

Le prophète Ibrahim est né dans la ville d'Ur, en Mésopotamie (Irak actuel), au sein d'une famille d'idolâtres. Il a été élevé par son père, Azar, qui était artisan et fabriquait des idoles.
Bien qu'il ait grandi dans une famille qui adorait des idoles, le prophète Ibrahim croyait en l'existence d'un seul Dieu. Il remettait souvent en question les croyances de son père et l'encourageait à abandonner le culte des idoles.

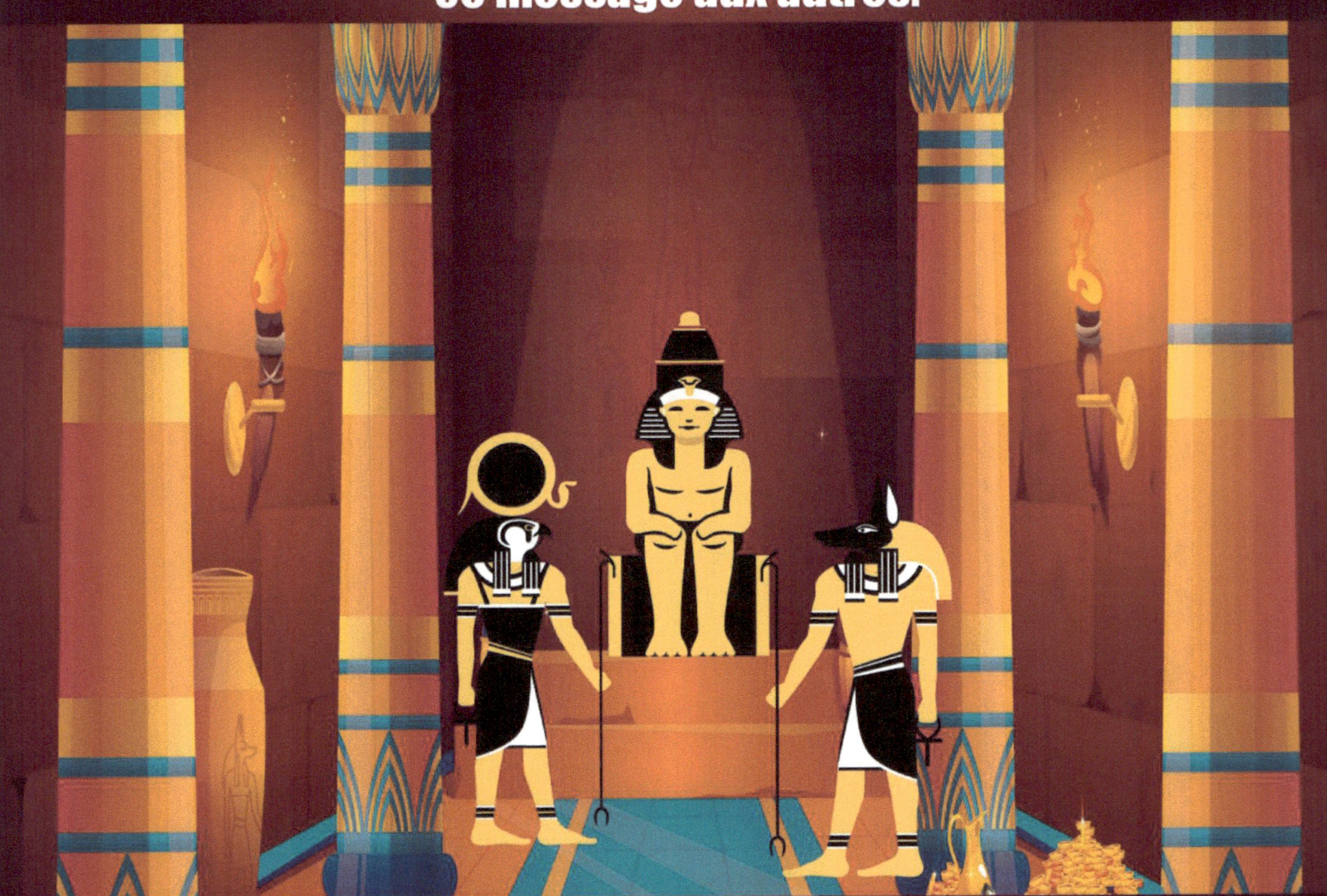

Lorsque le prophète Ibrahim avait environ 30 ans, il a reçu sa première révélation divine de la part d'Allah. Allah lui a révélé qu'il n'y avait pas d'autre dieu que lui et qu'il devait transmettre ce message aux autres.

Un jour, le roi d'Ur, Nemrod, décida de mettre à l'épreuve la foi du prophète Ibrahim. Il le convoqua dans son palais et lui demanda de prouver qu'il n'y avait qu'un seul Dieu. Le prophète Ibrahim savait qu'il était mis à l'épreuve et il répondit courageusement : "Il n'y a qu'un seul Dieu, et il est le créateur de tout ce qui existe dans ce monde."

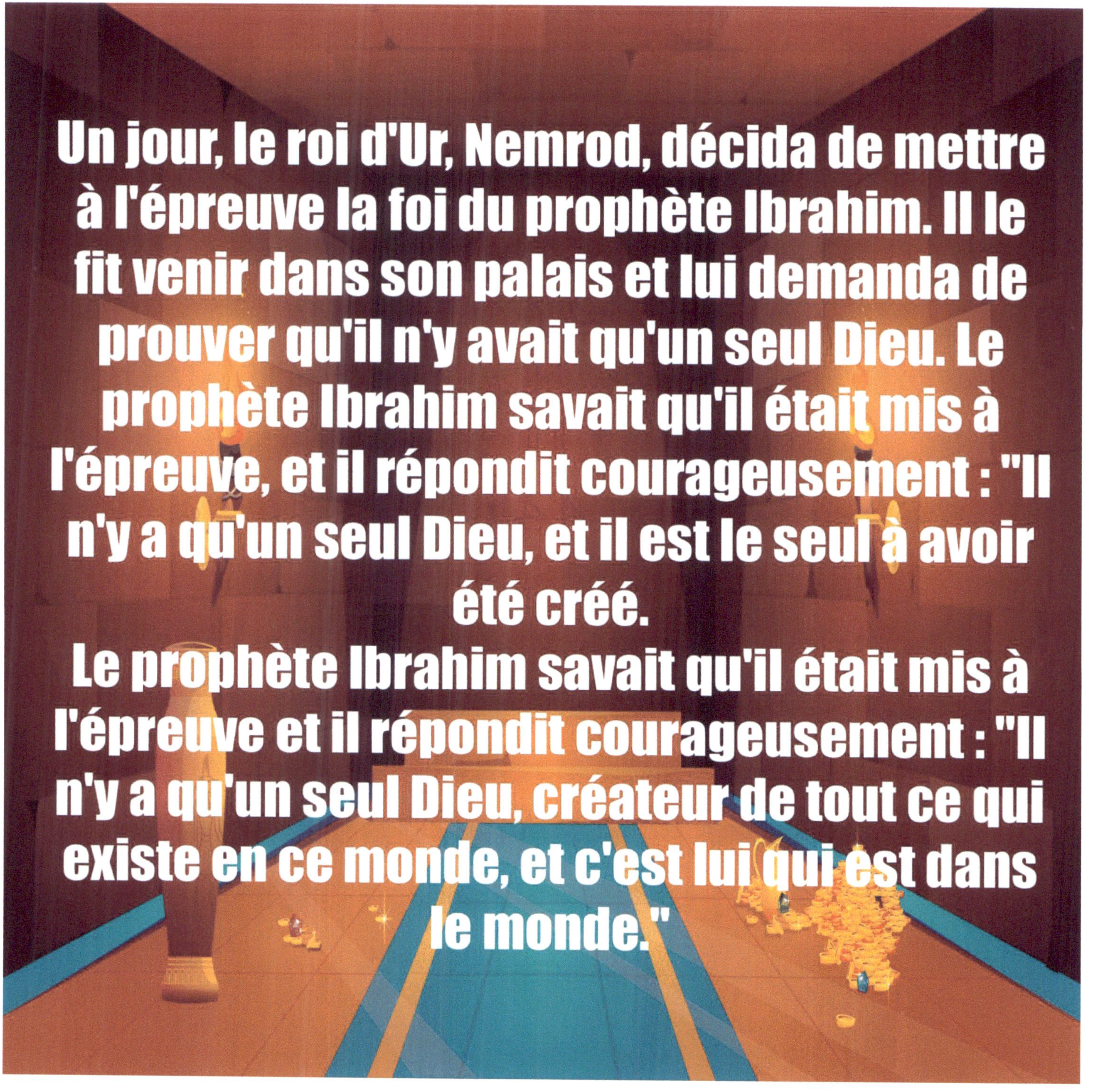

Un jour, le roi d'Ur, Nemrod, décida de mettre à l'épreuve la foi du prophète Ibrahim. Il le fit venir dans son palais et lui demanda de prouver qu'il n'y avait qu'un seul Dieu. Le prophète Ibrahim savait qu'il était mis à l'épreuve, et il répondit courageusement : "Il n'y a qu'un seul Dieu, et il est le seul à avoir été créé.

Le prophète Ibrahim savait qu'il était mis à l'épreuve et il répondit courageusement : "Il n'y a qu'un seul Dieu, créateur de tout ce qui existe en ce monde, et c'est lui qui est dans le monde."

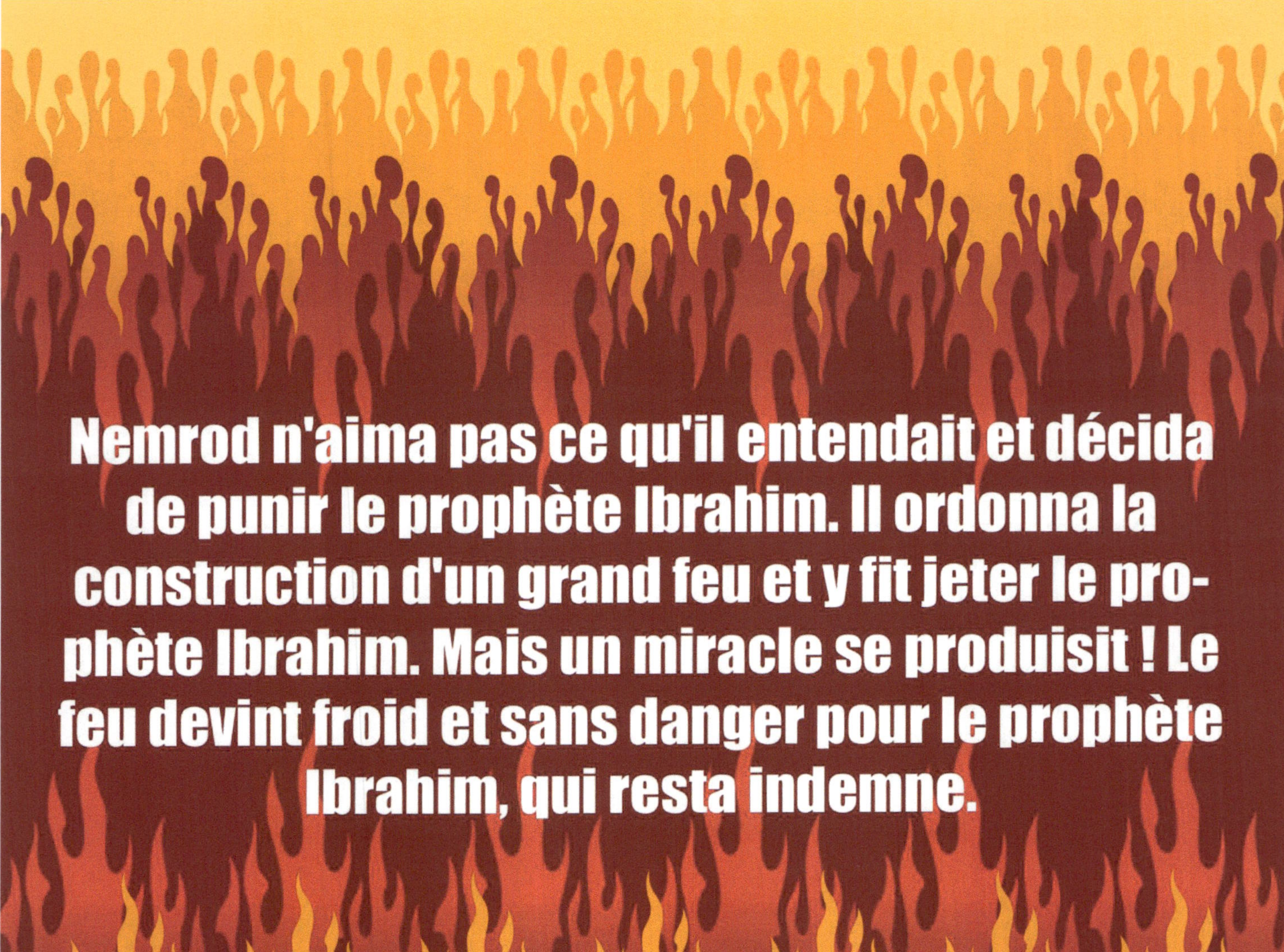

Nemrod n'aima pas ce qu'il entendait et décida de punir le prophète Ibrahim. Il ordonna la construction d'un grand feu et y fit jeter le prophète Ibrahim. Mais un miracle se produisit ! Le feu devint froid et sans danger pour le prophète Ibrahim, qui resta indemne.

Une nuit, Ibrahim fait un rêve dans lequel il reçoit l'ordre d'Allah (Dieu) de construire une maison d'adoration.

Le lendemain, Ibrahim raconta son rêve à son fils Ismaïl. et ils décidèrent de construire la maison d'adoration comme l'avait ordonné

Ensemble, ils se sont mis à la recherche de l'endroit idéal pour construire le lieu de culte.

Après plusieurs jours de voyage, ils arrivent dans une vallée désertique et aride. Là, Ibrahim et Ismaël reçurent la visite d'un ange qui leur apporta un bloc de pierre blanche. L'ange leur dit que cette pierre était un don d'Allah et qu'ils devaient l'utiliser comme pierre angulaire de leur maison d'adoration.

Ibrahim et Ismaïl commencèrent à construire la maison d'adoration en utilisant la pierre blanche comme pierre angulaire. Ils travaillèrent sans relâche, jour et nuit, jusqu'à ce que la maison de culte soit achevée. Ils lui donnèrent le nom de Kaaba, qui signifie "cube" en arabe, en raison de sa forme unique.

Après la construction de la Kaaba, Ibrahim et Ismail ont reçu l'ordre d'Allah d'appeler les gens à se rendre en pèlerinage à la Kaaba. Ils firent ce qu'on leur demandait et, bientôt, des gens du monde entier commencèrent à se rendre à la Kaaba pour

C'est ainsi que la Kaaba, le site le plus sacré de l'islam, a été construite par le prophète Ibrahim et son fils Ismail, avec les conseils et les instructions d'Allah.

L'HISTOIRE DU PROPHÈTE YUNUS AS
(Que la paix soit avec lui)

Le prophète Yunus a été envoyé par Allah (Dieu) pour prêcher au peuple de Ninive, ville de l'ancienne Assyrie.
Cependant, les habitants de Ninive n'ont pas écouté son message et ont continué à se livrer au péché. Se sentant frustrés et découragés

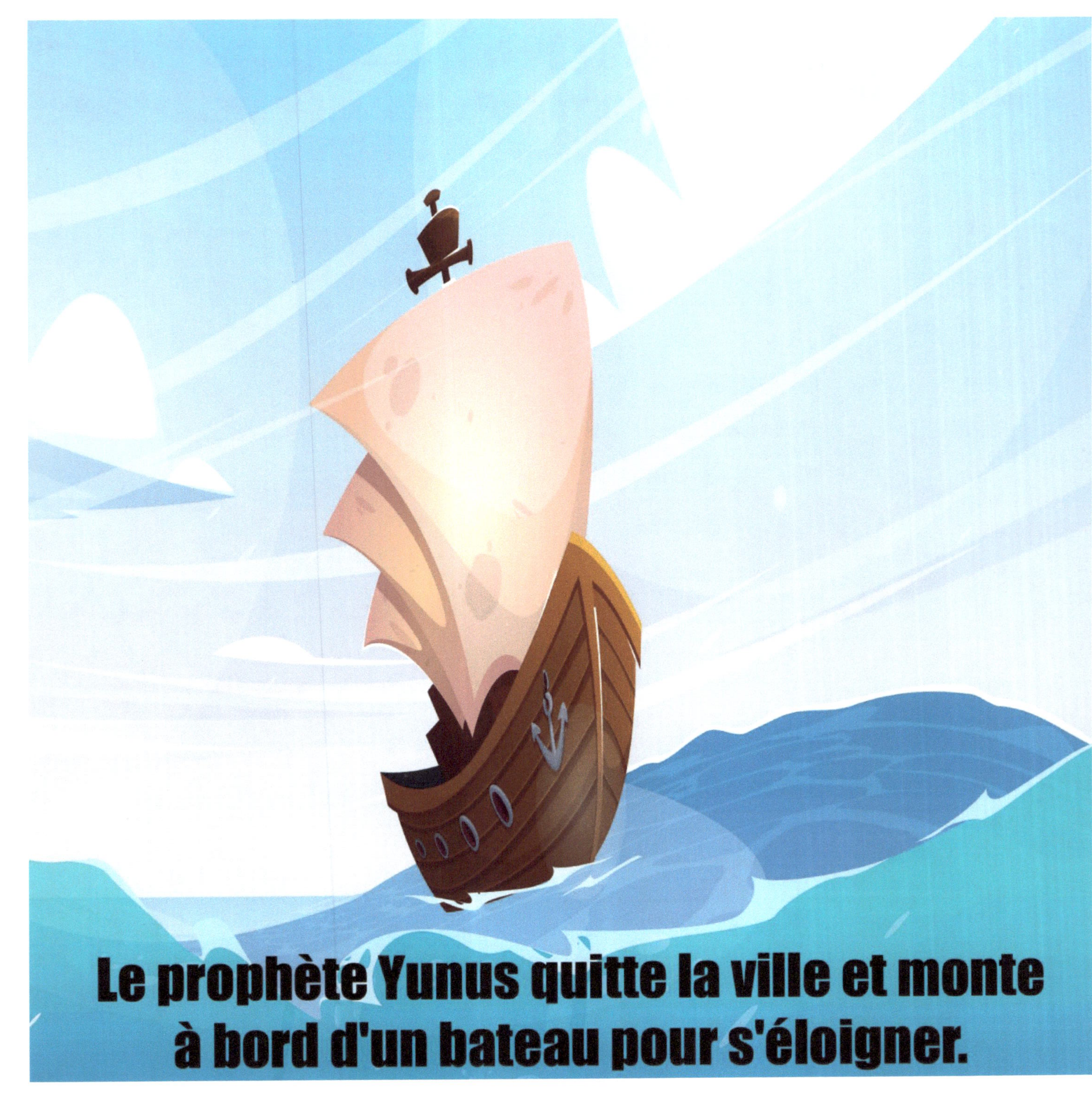

Le prophète Yunus quitte la ville et monte à bord d'un bateau pour s'éloigner.

Alors que le bateau navigue, il rencontre une violente tempête et l'équipage craint que le bateau ne coule. Ils ont décidé de tirer au sort pour savoir qui était responsable de la tempête
et le sort tomba sur le prophète Yunus. Se rendant compte qu'il avait désobéi à l'ordre d'Allah de prêcher aux habitants de Ninive, le prophète Yunus demanda à l'équipage de le jeter à la mer.

Alors qu'il se noyait dans la mer, le prophète Yunus appela Allah à l'aide et Allah envoya une baleine pour l'avaler tout entier. Dans le ventre du poisson, le prophète Yunus se repentit de sa désobéissance et pria Allah de lui pardonner.

Après trois jours et trois nuits, le poisson vomit le prophète Yunus sur le rivage, sain et sauf. Il retourna à la ville de Ninive et recommença à prêcher aux gens qui, cette fois, écoutèrent son message et se repentirent de leurs péchés.

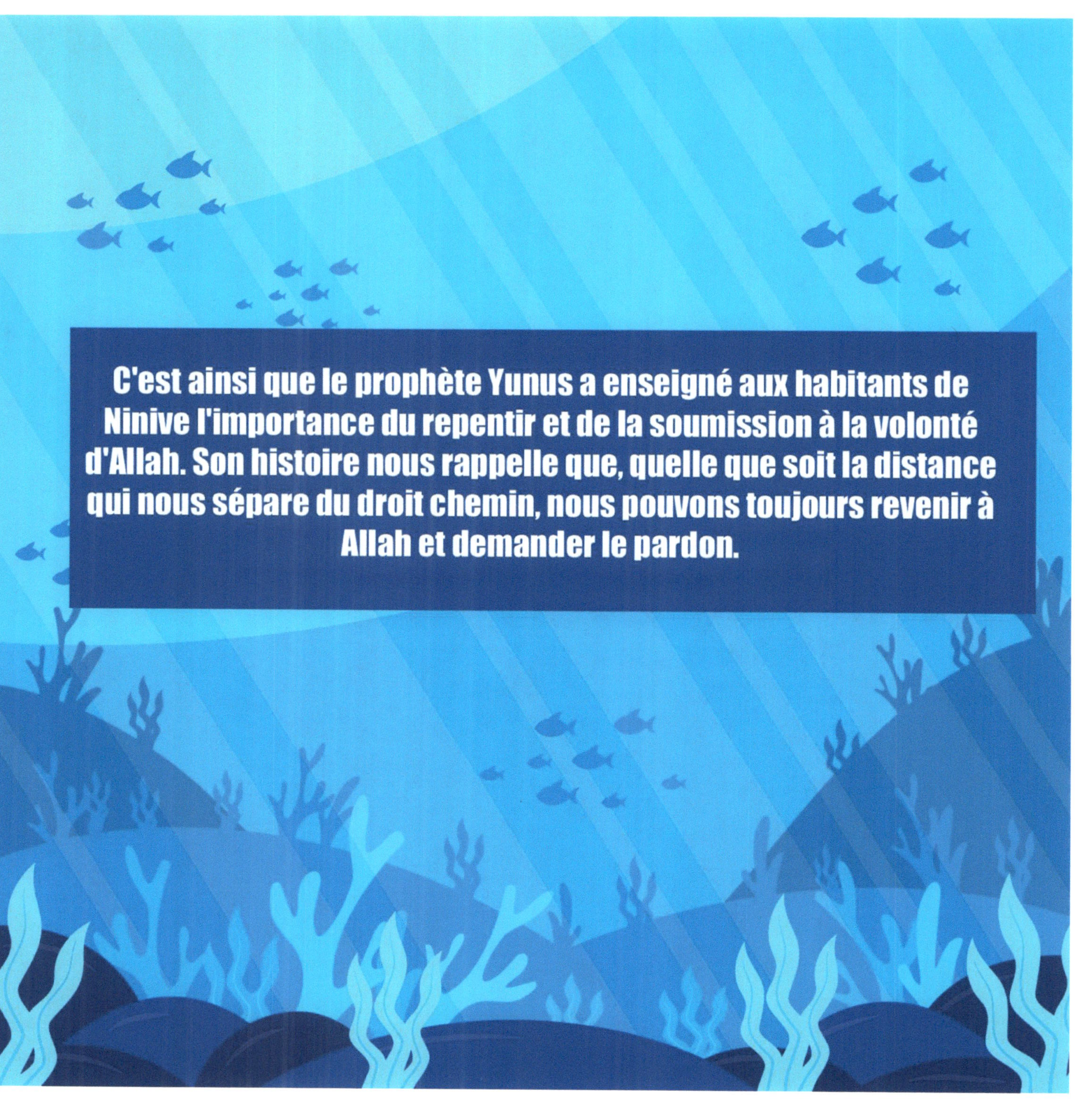

C'est ainsi que le prophète Yunus a enseigné aux habitants de Ninive l'importance du repentir et de la soumission à la volonté d'Allah. Son histoire nous rappelle que, quelle que soit la distance qui nous sépare du droit chemin, nous pouvons toujours revenir à Allah et demander le pardon.

Merci
Beaucoup